# BEI GRIN MACHT SICH
# WISSEN BEZAHLT

- Wir veröffentlichen Ihre Hausarbeit,
  Bachelor- und Masterarbeit

- Ihr eigenes eBook und Buch -
  weltweit in allen wichtigen Shops

- Verdienen Sie an jedem Verkauf

Jetzt bei www.GRIN.com hochladen
und kostenlos publizieren

**Bibliografische Information der Deutschen Nationalbibliothek:**

Die Deutsche Bibliothek verzeichnet diese Publikation in der Deutschen National-
bibliografie; detaillierte bibliografische Daten sind im Internet über http://dnb.d-
nb.de/ abrufbar.

**Impressum:**

Copyright © 2002 GRIN Verlag, Open Publishing GmbH
Druck und Bindung: Books on Demand GmbH, Norderstedt Germany
ISBN: 9783638746137

**Dieses Buch bei GRIN:**

http://www.grin.com/de/e-book/5464/call-center-solutions

Robin Lewis

# Call Center Solutions

GRIN Verlag

**GRIN - Your knowledge has value**

Der GRIN Verlag publiziert seit 1998 wissenschaftliche Arbeiten von Studenten, Hochschullehrern und anderen Akademikern als eBook und gedrucktes Buch. Die Verlagswebsite www.grin.com ist die ideale Plattform zur Veröffentlichung von Hausarbeiten, Abschlussarbeiten, wissenschaftlichen Aufsätzen, Dissertationen und Fachbüchern.

**Besuchen Sie uns im Internet:**

http://www.grin.com/

http://www.facebook.com/grincom

http://www.twitter.com/grin_com

# Berufsakademie Stuttgart

## Call Center Solutions

vorgelegt am: 18.02.2002

| | |
|---|---|
| Bereich: | Wirtschaft |
| Fachrichtung: | Wirtschaftsinformatik |
| Studienjahrgang: | WWIG2000E |

von:

## Robin Lewis

# Inhalt

# 1 Einleitung

Für meine Praxisarbeit im dritten Semester habe ich mich für das Thema Call Center Solutions entschieden, da meine Ausbildungsfirma sich sehr intensiv mit Lösungen in diesem Bereich befasst. Viele aktuelle und zukünftige Projekte beschäftigen sich mit der Konzeptionierung und Umsetzung von Call Center Software, sowie mit dem Aufbau der Call Center. Der Betrieb dieser Call Center wird meistens von Partnerunternehmen durchgeführt.

Unter einem Call Center versteht man eine Einrichtung, durch die, unter Zuhilfenahme von Telefon und Computer, telefonische Anfragen von Kunden professionell bearbeitet werden.

Während der dritten Praxisphase wurde ich einem Projekt zugeteilt, das sich mit dem Aufbau eines Call Centers für die Volksbank Gießen beschäftigt.

Gegenstand meiner Tätigkeit innerhalb dieses Projekts war die Problematik der Zeiterfassung während der einzelnen Vorgänge im Call Center. Ich wurde beauftragt eine Lösung zur zeitlichen Protokollierung der Dauer der einzelnen Vorgänge im Call Center zu finden und dann später im Verlauf des Projekts umzusetzen.

Im Rahmen dieser Praxisarbeit möchte ich einem praktisch orientierten Teil auf das Projekt, die Lösungsansätze und die schlussendliche Umsetzung der Aufgabenstellung innerhalb des Projekts eingehen. Zunächst möchte ich jedoch einen theoretischen Überblick über die allgemeine Positionierung und die Aufgaben eines Call Centers bieten, welcher mit der historischen Entwicklung von Call Center Lösungen beginnt.

# 2 Call Center in der Theorie

## 2.1 Historischer Hintergrund

Seit Beginn der 70er Jahre wurde über eine Möglichkeit nachgedacht wie man die Datenwelt des Computers mit der Kommunikationswelt des Telefons verbinden konnte.

Seit Anfang der 80er wurden erste CTI[1] Lösungen auf IBM Mainframe Rechnern realisiert. Ziel dieser Lösungen war es den Zeitaufwand beim Verbinden für die Mitarbeiter eines Unternehmens und die Anrufer zu verkürzen. In den letzten 20 Jahren hat sich die Integration

---

[1] Computer Telephony Integration

von Telekommunikationswegen in die Welt der Datenverarbeitung sehr rasch weiterentwickelt.

Durch die wachsende Bedeutung der Kundenbetreuung und ständig wachsende Serviceleistungen, wurde die Nachfrage nach effektiven und benutzerfreundlichen Lösungen bei der Kombination von Telefon und Datenverarbeitung immer grösser.

Die stetige Entwicklung führte zu den CTI basierten Call Center Lösungen von heute.

Aufgrund der sich schnell ändernden Marktanforderungen, hält der Prozess der Weiterentwicklung kontinuierlich an.

## 2.2 Einsatzgebiete

Call Center bieten über alle Branchen hinweg vielfältige Einsatzmöglichkeiten. Es existieren zahlreiche kommerzielle Anwendungen für Call Center.

- Im Absatzbereich, insbesondere im Versandhandel, werden Call Center für Bestellannahme, Angebotserstellung und Reservierung eingesetzt.
- Bei Finanzdienstleistern, finden Call Center Anwendung beim Geldtransfer, der Kreditkartenüberprüfung, oder Aktientransaktionen.
- Informationsdienste, wie zum Beispiel eine Touristeninformations–Hotline stellen über ein Call Center Veranstaltungspläne, Empfehlungen, sowie Fahrpläne für öffentliche Verkehrsmittel zur Verfügung.

Telemarketing gewinnt in den Marketingstrategien der Unternehmen immer mehr an Bedeutung. Unter Telemarketing versteht man die Nutzung traditioneller Marketinginstrumente, wie zum Beispiel Werbung, über das Telefon. Bereits mehr als ein Drittel aller Unternehmen arbeiten schon mit dieser Strategie.

Hierbei bietet es sich für ein Unternehmen an im Rahmen der Rationalisierung ein Call Center zu beauftragen.

Das Call Center führt im Namen des Auftraggebers beispielsweise Verkaufsgespräche durch, informiert Kunden über neue Kampagnen oder führt für das Unternehmen Marktanalysen auf Basis von telefonischer Konsumentenbefragung durch. Ein Beispiel für eine solche Kampagne wäre die Einführung neuer Produkte.

## 2.3   Aufgaben und Vorgänge in einem Call Center

### 2.3.1   Allgemeine Positionierung eines Call Centers

Ein Call Center besteht normalerweise aus vielen Computerarbeitsplätzen, die mit CTI ausgestattet sind. Das Call Center beschäftigt Call Center Agenten, die nach einem intensiven Schulungsprogramm, genau auf die Anforderungen der Kunden-Unternehmen des Call Center Betreibers und deren Kunden angepasst sind.

Call Center verstehen sich als Vermittlungsstelle zwischen Unternehmen und deren Kunden, und können in der Praxis für ein oder mehrere Unternehmen tätig sein.

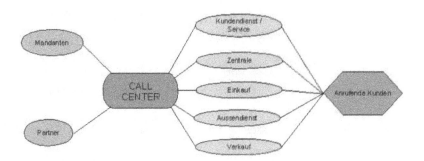

Abb. 1 Positionierung eines Call Centers

An dieser Stelle rückt ein Begriff in den Mittelpunkt, der zunehmend an Bedeutung gewinnt: Das Customer Relationship Managemant (CRM). Unter CRM versteht man die Pflege der Beziehungen eines Unternehmens zu seinen Kunden. Im Rahmen des CRM nehmen Call Center eine wichtige Stellung ein, da heute ein Grossteil der ein- und ausgehenden Kundenkontakte über das Telefon erfolgt.

Das Call Center wickelt für ein Unternehmen alle eingehenden Anrufe ab. Hierbei spricht man von Inbound Vorgängen.

Darüber hinaus führt das Call Center im Auftrag des Mandanten Telefonaktionen, wie z.B. Kundenbefragungen durch. Hier spricht man von Outbound Aufträgen.

Es existieren allerdings auch reine Inbound und reine Outbound Call Center

## 2.3.2 Inbound Vorgänge

Unter Inbound Vorgängen innerhalb eines Call Centers versteht man den gesamten Ablauf im Zusammenhang mit eingehenden Anrufen. Dieser Ablauf gestaltet sich wie folgt:
Ein Anruf geht ein und wird einem Call Center Mitarbeiter an dessen Arbeitsplatz durch die Telefonanlage zugeteilt. Bereits vor dem Annehmen des Anrufs bekommt der Mitarbeiter vom System genaue Informationen über den Anrufer. Voraussetzung hierfür ist, dass der Kunde die Ruferkennung seines Telefons aktiviert hat. Diese Informationen beinhalten den Namen des Unternehmens dem der Anrufer zuzuordnen ist, eine Auflistung aller Vorgänge, die im Zusammenhang mit diesem Anrufer in letzter Zeit bearbeitet wurden, sowie den Namen und weitere persönliche Informationen des Anrufers. Beim Annehmen des Anrufs hat der Call Center Agent somit bereits alle relevanten Informationen über den Anrufer auf dem Bildschirm.

In bestimmten Fällen, beispielsweise wenn es sich um vertrauliche Informationen handelt, wird der Anrufer zunächst dazu aufgefordert ein Kennwort zu nennen, oder eine PIN[2] über die Telefontastatur einzugeben.

Danach nennt der Kunde sein Anliegen, z.B. eine Kontostandsabfrage, das dann durch den Mitarbeiter bearbeitet wird.

Ein Inbound Vorgang kann durchaus mehrere Einzelaufträge umfassen. So kann ein Kunde, der zunächst seine Daueraufträge geändert hat, anschliessend noch eine Adressänderung bekannt geben.

Wenn alle Aufträge abgearbeitet sind und das Gespräch beendet wurde, erstellt der Call Center Mitarbeiter ein Protokoll zu diesem Vorgang. Dieses Protokoll wird zusammen mit den Protokollen der vorausgegangenen Anrufe beim nächsten Anruf des betreffenden Kunden vor Gesprächsannahme auf dem Bildschirm angezeigt.

---

[2] Personal Identification Number

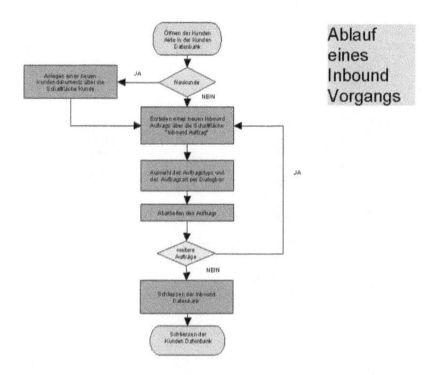

Abb. 2 Ablauf eines CTI gestützten Inbound Vorgangs

## 2.3.3 Outbound Vorgänge

Unter Outbound Vorgängen innerhalb eines Call Centers versteht man alle Anrufe die von Call Center Agenten im Auftrag eines Unternehmens getätigt werden. Hierbei handelt es sich beispielsweise um Anrufe bei den jeweiligen Kunden eines Unternehmens, um sie über neue Angebote des Unternehmens, Tarifänderungen oder Sonderkampagnen zu informieren. Auch Kundenbefragungen zur Ermittlung der Kundenzufriedenheit oder Konsumentenbefragungen zu Zwecken der Marktanalyse fallen in diesen Bereich.

Der Ablauf von Outbound -Aufträgen gestaltet sich wie folgt:

Den Agenten werden durch Teamleiter innerhalb des Call Centers Listen mit anzurufenden Kunden bzw. Listen mit Telefonnummern (bei Umfragen) zugeteilt.

6

Bei jedem einzelnen Anruf aus dieser Liste wird der jeweilige Kunde, in Abhängigkeit vom Auftrag, informiert oder befragt. Anschliessend wird für jeden Anruf ein Protokoll angefertigt, das zur internen Auswertung im Call Center verwendet wird, gleichzeitig aber auch als Beleg für den Auftraggeber bestimmt ist.

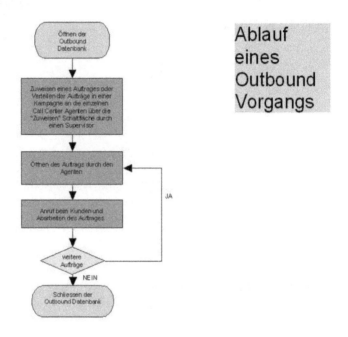

Abb. 3 Ablauf eines CTI gestützten Outbound Vorgangs

## 2.4 Wirtschaftlicher Nutzen eines Call Centers aus der Sicht des Unternehmers

Im Rahmen von Rationalisierung und Umstrukturierung innerhalb von Unternehmen werden immer mehr Bereiche, die nicht direkt dem Kerngeschäft des Unternehmens zuzuordnen sind, ausgelagert. In den Bereichen der telefonischen Kunden - Hotlines, der Verkaufsgespräche, aber auch bei ganzen Telefonzentralen, wird immer mehr Arbeit teilweise, oder vollständig auf externe Call Center verlagert.

Ein Call Center versteht sich als strategische Schnittstelle zwischen Unternehmen und Verbraucher. Bei den meisten Unternehmen steht der Kundenkontakt im Vordergrund. Auf den heutigen Märkten fällt der Kundenbetreuung durch den ständig wachsenden Wettbewerb eine immer stärkere Bedeutung zu. Man geht davon aus, dass es ca. fünfmal soviel kostet einen neuen Kunden zu aquirieren, als einen bestehenden Kunden zu halten. Das Call Center ist eine Organisationseinheit, die stark dazu beiträgt den wachsenden Erwartungen der Kunden, wie zum Beispiel dem Wunsch nach schnellerem kompetenterem Service, gerecht zu werden. Der hohe Spezialisierungsgrad eines Call Centers macht es gegenüber unternehmensinternen Lösungen in den meisten Fällen um ein vielfaches rentabler. Ein Call Center kann beispielsweise anders als ein einzelnes Unternehmen, auch zu Spitzen- und Nebenzeiten immer noch genug Mitarbeiter zu vergleichsweise geringen Kosten bereitstellen, um eine ständige Verfügbarkeit zu garantieren.

## 2.5 Computer Telephony Integration(CTI) im Call Center

Es gibt viele verschiedene Definitionen für CTI. Eine davon lautet wie folgt:

"The linking of telephone systems, telephone service representatives and computer environments to improve the efficiency with which all calls are handeled"[3]

Das Prinzip aller CTI Lösungen ist, dass alle Informationen aus der Telefon – und Computerwelt sich gezielt für die Synchronisation von Sprache und Daten nutzen lassen.
Darunter versteht man beispielsweise folgende Funktionalitäten:

- Zugriff auf Kunden-/Produktdaten, sobald der Kunde über die Rufnummernerkennung (CLI[4]) identifiziert wurde.
- Zeitgleiche Bereitstellung der Daten bei Gesprächsannahme (Inbound)
- Zeitgleiche Bereitstellung der Daten bei abgehendem Verbindungsaufbau (Outbound)

Die technische Umsetzung einer CTI Lösung in einem Call Center geschieht wie folgt:

---

[3] Zitat: Tern Systems
   Quelle: internes Know How Center Mavos Software Consult AG
[4] Calling Line Identification

Zunächst wird eine spezielle CTI Client/Server Software benötigt. Auf jedem Arbeitsplatzrechner im Call Center muss die Client Software installiert werden.

Die Arbeitsplatz PC's werden in einem lokalen Netzwerk miteinander verbunden, und die Systemtelefone an jedem Arbeitsplatz müssen mit einer zentralen Telefonanlage verbunden sein. Im Netzwerk wird auf einem bestimmten Computer die CTI - Server Software installiert, der über eine CTI – Schnittstelle mit der Telefonanlage verbunden sein muss.

Der CTI – Server überwacht die Zustände der Telefonanlage. Eingehende Anrufe werden dem CTI – Server signalisiert, und dieser überträgt die Informationen über das Netzwerk an den Arbeitsplatz PC des für den Anruf zuständigen Mitarbeiters.

## 2.6  Aufbau eines Call Centers

### 2.6.1  Technische Komponenten

Hinter dem Begriff Call Center verbergen sich komplexe systemtechnische Lösungen mit hohen technologischen Ansprüchen. Die hierfür benötigten technischen Anforderungen lassen sich in folgende Bereiche unterteilen :

- Digitale Telefontechnik mit CTI – Schnittstelle
- Lokales Netzwerk mit Internet Anbindung
- Sprache/Daten müssen integriert und synchronisiert werden (CTI)
- Sprachverarbeitung/-erkennung z.B. bei computergesteuerten Sprachauswahlmenüs
- Client/Server Computing im lokalen Netzwerk, d. h. alle Arbeitsplatzrechner im Netzwerk (Clients) sind mit einem Zentralrechner (Server) verbunden. Alle Call Center Agenten arbeiten somit mit den gleichen Informationen. Änderungen, wie beispielsweise neue Gesprächsprotokolle, werden an zentraler Stelle allen Benutzern zugänglich gemacht.
- Know How bei Technik und Management des Call Centers.
- Kompetentes und gut geschultes Personal.
- Angemessene Räume und Raumausstattung.

Zu den wesentlichen technischen Merkmalen eines Call Centers gehört zunächst eine moderne Telefonanlage mit einer CTI Schnittstelle. Dabei werden Sprache und Daten auf getrennten Kanälen übertragen. Mit Hilfe des, im lokalen Netzwerk integrierten CTI Servers können das Telefongespräch und die dazugehörigen Daten zusammengeführt werden. Dadurch kann das System bei einem eingehenden Anruf den Anrufer identifizieren und dem Agenten, dem der Anruf zugeteilt wird, schon vor Beginn der Sprachkommunikation alle vorhandenen Daten zu dem Anrufer bereitstellen. Alle hinzukommenden Daten können durch den Agenten am Arbeitsplatz eingegeben werden, und werden vom System dem Anrufer zugeordnet und bei dessen bisherigen Daten gespeichert. Fällt ein Agent wegen Krankheit aus, ist sein Vertreter durch Aufruf dieser Kundenhistorie sehr schnell in der Lage sich ein Bild von den bisherigen Vorgängen zu machen.

# 3 Praktischer Teil

## 3.1 Projektbeschreibung

Das aktuelle Projekt der MAVOS Software Consult AG, dem ich während meiner dritten Praxisphase zugeteilt war, beschäftigt sich mit dem Aufbau eines individuellen Call Centers für die Volksbank Gießen. Die Lösung vor Ort stützt sich grösstenteils auf das bereits vorhandene Netzwerk auf Basis von Lotus Notes Version 5.0.5. Das Call Center wird in den Räumlichkeiten der Bank aufgebaut und direkt von der Bank betrieben. Bei dieser Lösung wurde bewusst auf den Einsatz von externen Call Center Betreibern und deren Mitarbeiter verzichtet. In diesem Call Center sind ausschliesslich speziell geschulte Mitarbeiter der Volksbank Gießen beschäftigt.

Gegenstand des Projekts ist die Anpassung der firmeneigenen Call Center Lösung auf der Plattform von Lotus Notes, auf die Anforderungen der Volksbank Gießen.

Die Call Center Software der MAVOS Software Consult stellt eine Standardlösung, für Call Center dar, die für eine oder mehrere Firmen tätig sind. Aus diesem Grund mussten an diesem Punkt Anpassungen durchgeführt werden. Bei einem allgemeinen Call Center werden die Kundenanrufe den Firmen zugeordnet, für die sie eingehen um eine zuverlässige Beratung und eine präzise Abrechnung zu gewährleisten. Bei dem Call Center der Volksbank Gießen werden die eingehenden Anrufe den Abteilungen zugeordnet, für die der Anruf bestimmt ist.

Dies dient der Statistik und der internen Leistungsverrechnung. Ausserdem hat die Volksbank Gießen vorgesehen aus jeder betroffenen Abteilung einen Mitarbeiter für das Call Center bereitzustellen um kompetente Beratung zu gewährleisten

Die Kernbestandteile der Call Center Software sind Lotus Notes Datenbanken zur Bearbeitung von Inbound und Outbound Aufträgen, sowie einer Datenbank zur Anruferidentifikation.

Zusätzlich bietet das Softwarepaket noch mehrere individuelle Erweiterungsmöglichkeiten, wie zum Beispiel eine Anwendung zum Auswerten aller eingehenden E-Mails.

Es wurde davon ausgegangen, dass das Call Center ein Aufkommen von ca. 500 - 1000 eingehenden Anrufen am Tag, sowie ca. 500 abgehenden Anrufen zu bewältigen hat.

Eine weitere Anforderung des Projekts war es eine Anwendung zu entwerfen, die alle neu angelegten Dokumente archiviert. Die Dokumente werden in einer speziell dafür vorgesehenen Datenbank nach Kategorien sortiert und gespeichert. Damit soll sicher gestellt werden, dass die einzelnen Call Center Datenbanken nicht zu gross werden, da dies zu einer massiven Perfomance Einbuße führen würde.

Vor Beginn der praktischen Entwicklertätigkeit, fanden zahlreiche Treffen mit Vertretern der Volksbank Gießen aus allen Bereichen statt. Bei diesen Treffen wurden die Anforderungen genau festgelegt und ein detailliertes Pflichtenheft erstellt.

Dieses Pflichtenheft bildete dann auch die Vorlage für die konzeptionelle Entwicklertätigkeit, die nun in die Wege geleitet wurde. Dem Projektteam wurden zwei Projektmanager, vier Entwickler und ein Techniker zugeteilt.

## 3.2 Aufgabenbeschreibung

Im Rahmen des Projekts bei der Volksbank Gießen musste in die Identifikations, Inbound, und Outbound Datenbanken eine Lösung zur Zeiterfassung der einzelnen Aufträge während eines Anrufs und eine Lösung zur Erfassung des gesamten Bearbeitungszeitraums für einen Auftrag bis zum Archivieren entwickelt werden. Eine weitere Anforderung war, dass diese Lösungen in extra dafür vorgesehenen Datenbanken ein Protokoll erstellen sollten.

In unserem Unternehmen wurden zwei Anwendungen entwickelt, die diese Anforderungen abdecken. Diese beiden Anwendungen können mit geringen Anpassungen in allen betroffenen Datenbanken angewandt werden.

Meine Aufgabe bestand darin, diese Funktionen zur Zeiterfassung zu testen, gegebenenfalls anzupassen und in die jeweiligen Call Center Datenbanken einzubauen. Des weiteren wurde ich beauftragt das Design der Protokollierungsdatenbanken anzupassen.

## 3.3 Erläuterung des Arbeitsablaufs

### 3.3.1 Entwicklung

Um die unter 3.2 angesprochene Aufgabenstellung zu realisieren wurden mehrere Funktionen entwickelt, die in zwei Lotus Notes Scriptbibliotheken zusammengefasst wurden. Eine Skriptbibliothek besteht aus einer oder mehreren Funktionalitäten, die mit Hilfe der Programmiersprache Lotus Skript entwickelt werden. Skriptbibliotheken werden, ähnlich wie Packages in der Programmiersprache JAVA, in Datenbanken eingebunden und stellen ihre Funktionalitäten über Funktionsaufrufe zur Verfügung.

Der Aufbau der Zeiterfassungsfunktionen ist ähnlich. Sie unterscheiden sich lediglich dadurch, dass sie von unterschiedlichen Unterfunktionen aufgerufen werden. Ausserdem werden sie, je nach Datenbank, an unterschiedlichen Stellen aufgerufen.

Es gibt sechs verschiedene Unterfunktionen in jeder Skriptbibliothek - jeweils eine für die Identifikation des Anrufers, für Inbound Vorgänge und für Outbound Vorgänge. Diese Unterfunktionen steuern den Funktionsaufruf.

Ich möchte hier an dieser Stelle näher auf die Anwendung zur Zeiterfassung bei Inbound - Aufträgen eingehen. Diese Anwendung ist nach dem selben Prinzip aufgebaut, wie die zur Erfassung von Outbound -Aufträgen und zur Erfassung der Identifikationszeit.

Bei der Erstellung eines neuen Inbound -Auftrages werden zwei unterschiedliche Mechanismen zur Zeiterfassung gestartet. Zum Einen die Auftragszeiterfassung, welche die Bearbeitungszeitraum des Auftrages über alle Instanzen erfasst und zum anderen die Anrufzeiterfassung, welche die Zeit während des Anrufs mitprotokolliert. Bei letzterer Funktion wird festgehalten wie lange der gesamte Anruf und jeder einzelne Auftrag innerhalb des Anrufs für sich gedauert hat. Hierbei wird vorausgesetzt, das ein Kunde während eines Anrufs durchaus mehrere Anliegen haben kann, welche dann die einzelnen Aufträge darstellen.

Bei einem eingehenden Anruf erfolgt der Einstieg für den Mitarbeiter des Call Centers über die Kundendatenbank. Er bekommt die Daten des Kunden auf dem Monitor angezeigt, sofern dieser seine Ruferkennung eingeschaltet hat.

Je nach Anliegen des Kunden hat der Mitarbeiter dann die Möglichkeit über das Menü einen neuen Inbound Auftrag zu erstellen

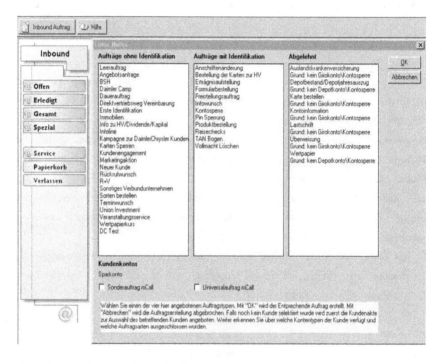

Abb.4 Erstellen eines neuen Inbound Auftrags

Beim Erstellen des neuen Auftrags über die Kundendatenbank wird im Hintergrund durch ein Unterprogramm ein Startsignal gesetzt und anschliessend das Hauptprogramm zur Zeiterfassung aufgerufen.

Das Programm bleibt bis zum Schliessen des Kundendokuments aktiv. Beim Schliessen des einzelnen Inbound Auftrages wird durch ein zweites Unterprogramm ein Endsignal gesetzt. Das Hauptprogramm berechnet die zeitliche Differenz zwischen den Zeitpunkten zu denen das Anfangs- und das Endsignal gesetzt wurden. Anschliessend erstellt es ein Dokument in der Datenbank zur Inbound Zeiterfassung und speichert die Anfangszeit für den gesamten

Vorgang, sowie die Bearbeitungszeit für den einzelnen Auftrag in Felder, die mit dem Dokument erzeugt werden. Wünscht der Kunde eine weitere Transaktion, so wird der Bearbeitungszeitraum für diese dem Dokument hinzugefügt. Beim Beenden des Gesprächs schliesst der Bearbeiter den letzten offenen Auftrag und nach Erstellen eines kurzen Kommentars auch das Dokument in der Kundenakte. Jetzt wird die Endezeit auf dem Zeiterfassungsdokument vermerkt und durch das Hauptprogramm die Differenz ausgerechnet und ebenfalls vermerkt. Das Dokument wird in der Datenbank zur Zeiterfassung von Inbound Vorgängen archiviert.

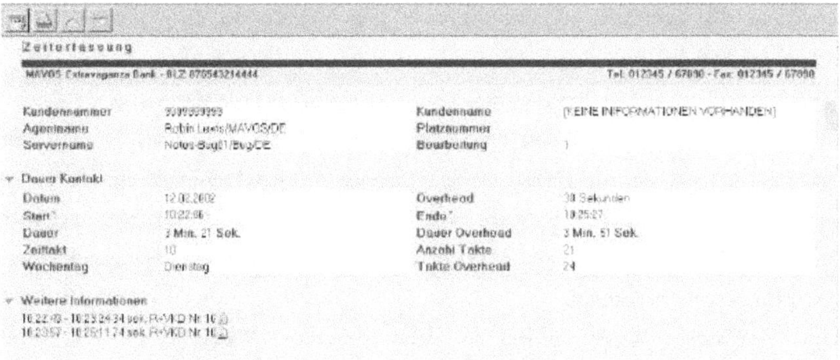

Abb.5 Inbound Zeiterfassungsdokument Anrufzeiterfassung

Die Auftragszeiterfassung funktioniert nach einem ähnlichen Prinzip. Beim Erstellen jedes einzelnen Inbound Vorgangs während eines Anrufs wird ein Startsignal gesetzt. Das Endsignal und die Berechnung des Bearbeitungszeitraums erfolgen jedoch erst dann, wenn ein Mitarbeiter mit den notwendigen Berechtigungen dem Dokument den Status „Erledigt" verleiht. Die Zeiterfassungsdokumente werden in der Zeiterfassungsdatenbank abgelegt und können jederzeit zu Abrechnungszwecken oder für Statistiken bereitgestellt werden.

Die Unterprogramme zum Aufruf und zum Setzen von Anfangs- und Endsignalen wurden von mir in die Outbound und Identifikations Datenbank, sowie in die Inbound Datenbank und in die mit ihr verknüpfte Kunden Datenbank eingebaut.

Die Anpassungen wurden anschliessend durch mich, in einer auf dem firmeninternen Entwicklungsserver eingerichteten Testumgebung, getestet.

Den Installations- und Testtermin vor Ort bei der Volksbank Gießen konnte ich eine Woche später aus gesundheitlichen Gründen nicht wahrnehmen.

# 4 Zusammenfassung

Zum Entstehungszeitpunkt dieses Berichts kann ich eine positive Bilanz meiner Arbeit ziehen. Die Funktionalitäten zur Zeiterfassung wurden erfolgreich in allen zentralen Call Center Datenbanken eingebaut. Nach den letzten Tests in der Firma lief das System zuverlässig. Die Installation vor Ort, sowie die erste Testreihe bei der Volksbank Gießen liefen zur vollsten Zufriedenheit des Kunden.

Die Inbetriebnahme des Call Centers wird voraussichtlich planmässig Ende März erfolgen.

Rückblickend kann ich sagen, dass die Tätigkeit innerhalb des Projektteams für mich sehr aufschlussreich war, da ich Einblick in alle Bereiche der Projektarbeit erhalten habe. Ich wurde in die Konzeptionierung vor der eigentlichen Entwicklung mit einbezogen und hatte dadurch die Möglichkeit das Projekt in seinen Anfängen bis zum jetzigen Zeitpunkt, kurz vor der Inbetriebnahme, zu begleiten.

Durch den starken Wettbewerb und den sich vollziehenden Wandel in der Gesellschaft verändern sich auch die Erwartungen der Kunden im Bezug auf Serviceleistung und Qualität.

Unternehmen müssen auf diese Veränderungen reagieren, um langfristig am Markt bestehen zu können.

Abschliessend lässt sich sagen, dass Call Center Lösungen in Zukunft immer mehr an Bedeutung gewinnen, da der Wettbewerb auf den heutigen Märkten immer mehr anzieht und dadurch immer neue Wege gegangen werden müssen um Kunden zu halten und Neukunden zu gewinnen.

# 5 Abbildungsverzeichnis

# 6 Literaturverzeichnis

Cleveland, Brad/ Mayben, Julia/ Greff, Günther:

Call Center Management

Dr. Th. Gabler Verlag Auflage 1998


Rupp, Stefan/ Kremers, Oliver:

Call Center Praxis. So bringen Sie Ihren Vertrieb voran

Luchterhand Fachbücher, Auflage 2000


Schubert, Christine/ Mindermann, Andre/ Prümm, Karl-Heinz:

CTI und Call Center

Addisson-Wesley Verlag, Verlag 2000


Call Center Netzwerk Niedersachsen (CCNN)

www.ccnn.de

# 7 Abkürzungsverzeichnis

CLI    Calling Line Identification

CRM    Customer Relationship Management

CTI    Computer Telephony Integration

PIN    Personal Identification Number

# 8 Anhang

## Interne Programmablaufpläne zur Zeiterfassung

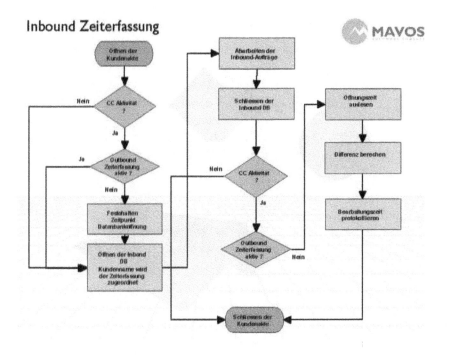

## Outbound Zeiterfassung

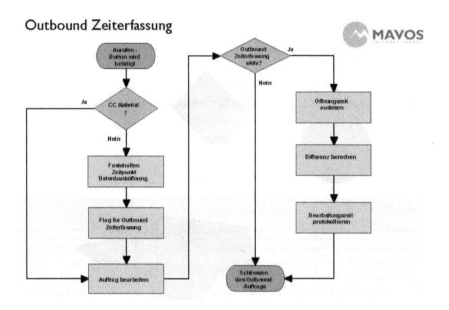

# Identifikations Zeiterfassung

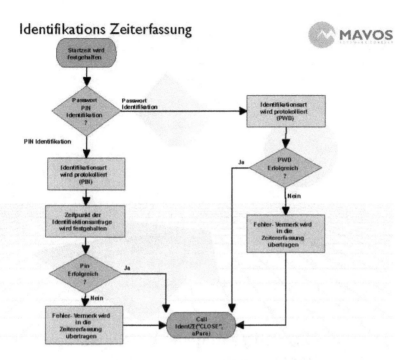